# Dieses Buch gehört:

...................................................................

*Sei lieb zu diesem Buch*

ISBN 3-8157-1270-X

© 1995 Coppenrath Verlag, Münster
© der Textbeiträge bei den Autoren und bei den Originalverlagen.
Alle Rechte vorbehalten, auch auszugsweise.

Printed in Italy

# Wir warten auf's CHRISTKIND

24 Vorlesegeschichten und
Gedichte zur Weihnachtszeit

Herausgegeben von Kristina Franke
Mit Bildern von Paul Mangold

COPPENRATH VERLAG MÜNSTER

· I N H

ALT.

# SCHNEE IM DORF

Wohin man schaut, lümmeln sie auf den Hecken, dick und weiß und faul, und drücken die Zweige nieder. Schneebären!

Auf den Ästen der Obstbäume liegen sie zu Aberhunderten: Schneemarder und Schneemäuse! Schneepudel! Schneepumas! Und dort gar, in der großen Astgabel, ein richtiger Schneenikolaus.

Hubers haben einen Zaun. Der gilt nicht mehr. Schnee steigt von der Straße in Hubers Garten. Und von Hubers Garten in Auerbachs Garten.

Schnee.

Schnee.

Und es schneit noch immer.

Am Weg steht ein Nilpferd, bis hoch über die Ohren eingeschneit. Vielleicht stößt man auch, wenn man nachgräbt, auf ein Auto.

Ich gehe mitten auf der Straße.

Heute fährt nur, wer wirklich muß. Keiner muß wirklich. Ich tue einen spaßigen Gang. Zum Postkasten. Unterm Mantel, in der Rocktasche, trage ich einen Brief nach Graz.

Ich hätte auch draufschreiben können: Paradies. Oder Atlantis. Es gibt nur noch das Dorf. Und vielleicht noch die Flur drum herum. Und wenn's hoch geht, den Wald auf dem Hügel.

Ein Schneemann kommt auf mich zu. Wir bleiben stehen und reden ein paar Worte miteinander.

Heute redet jeder mit jedem.

So ein Tag ist das.

*Josef Guggenmos*

# DER KLEINE ZAUBERER UND DIE SCHNEEFLOCKEN

Im Herbst, als die Bäume ihre bunten Blätter an den Wind verschenkten, zauberte sich der kleine Zauberer ein Haus. Hoch oben auf dem Berg stand das Haus, ganz nahe am Himmel. Und in manchen Nächten setzte sich der Mond aufs Dach und ruhte ein wenig aus. Die Tage vergingen und die Wochen, und der kleine Zauberer war immer allein. Und als der Winter kam und die große Stille, fing er an, sich sehr einsam zu fühlen.

Aber eines Tages begann es zu schneien. Da setzte der kleine Zauberer seine Bommelmütze auf, öffnete das Fenster und schaute den Schneeflocken zu.

„Kommt herein", rief er, „ihr sollt meine Gäste sein!"

Aber die Schneeflocken flüsterten: „Das geht nicht. Wenn wir zu dir in die warme Stube kommen, schmelzen wir."

Der kleine Zauberer dachte ein bißchen nach, dann hob er seinen Zauberstab und verwandelte die Schneeflocken in flauschige, weiße Kaninchen. Zuerst nur ein paar, aber weil es ihm so viel Spaß machte, zauberte er immer weiter. Die Kaninchen purzelten zum Fenster herein, und bald war das ganze Haus voll von ihnen. Auf den Stühlen saßen sie, auf der Bank, rund um den Ofen, auf dem Tisch und in allen Ecken. Im Wassereimer hockte ein Kaninchen, zwei auf dem Sessel, eines im Kochtopf, und als der kleine Zauberer schlafen wollte, lagen fünf Kaninchen im Bett. Da setzte sich der kleine Zauberer auf den Fußboden und war traurig. Die Kaninchen aber aßen sein Brot, knabberten alle Äpfel an, polterten im Küchenschrank herum, packten sich bei den Pfoten und tanzten über Teller und Tassen. Und wenn der kleine Zauberer mit ihnen schimpfte, lachten sie ihn aus.

„Es ist mein Haus!" rief der kleine Zauberer.

Aber die Kaninchen legten die Löffel an und stellten sich taub. Da wurde es dem kleinen Zauberer zu dumm.

„Hokuspokus Simsalabim", sagte er, und er verwandelte die Kaninchen in weiße Rosen. Und die Rosen stellte er in seine Blumenvase und freute sich daran.

Den ganzen Winter hindurch haben sie geblüht. Aber als der Frühling kam, sind sie über Nacht verschwunden. Und das ist ja auch kein Wunder, wenn man bedenkt, daß die Rosen eigentlich Schneeflocken waren.

*Gina Ruck-Pauquèt*

# DIE GESCHICHTE VOM BESCHENKTEN NIKOLAUS

Einmal kam der heilige Nikolaus am 6. Dezember zum kleinen Klaus. Er fragte ihn: „Bist du im letzten Jahr auch brav gewesen?"

Klaus antwortete: „Ja, fast immer."

Der Nikolaus fragte: „Kannst du mir auch ein schönes Gedicht aufsagen?"

„Ja", sagte Klaus.

> „Lieber guter Nikolaus,
> du bist jetzt bei mir zu Haus,
> bitte leer' die Taschen aus,
> dann laß ich dich wieder raus."

Der Nikolaus sagte: „Das hast du schön gemacht." Er schenkte Klaus Äpfel, Nüsse, Mandarinen und Plätzchen.

„Danke", sagte Klaus.

„Auf Wiedersehen", sagte der Nikolaus. Er drehte sich um und wollte gehen.

„Halt", rief Klaus.

Der Nikolaus schaute sich erstaunt um: „Was ist?" fragte er.

Da sagte Klaus: „Und was ist mit dir? Warst du im letzten Jahr auch brav?"

„So ziemlich", antwortete der Nikolaus.

Da fragte Klaus: „Kannst du mir auch ein schönes Gedicht aufsagen?"

„Ja", sagte der Nikolaus.

„Liebes, gutes, braves Kind,
draußen geht ein kalter Wind,
koch mir einen Tee geschwind,
daß ich gut nach Hause find'."

„Wird gemacht", sagte Klaus. Er kochte dem Nikolaus einen heißen Tee.

Der Nikolaus schlürfte ihn und aß dazu Plätzchen. Da wurde ihm schön warm. Als er fertig war, stand er auf und ging zur Türe.

„Danke für den Tee", sagte er freundlich.

„Bitte, gerne geschehen", sagte Klaus. „Und komm auch nächstes Jahr vorbei, dann beschenken wir uns wieder."

„Natürlich, kleiner Nikolaus", sagte der große Nikolaus und ging hinaus in die kalte Nacht.

*Alfons Schweiggert*

13

# GESCHICHTE EINES PFEFFERKUCHENMANNES

Es war einmal ein Pfefferkuchenmann,
von Wuchse so groß und mächtig,
und was seinen innern Wert betraf,
so sagte der Bäcker: „Prächtig."

Auf dieses glänzende Zeugnis hin
erstand ihn der Onkel Heller
und stellte ihn seinem Patenkind,
dem Fritz, auf den Weihnachtsteller.

Doch kaum war mit dem Pfefferkuchenmann
der Fritz ins Gespräch gekommen,
da hatte er schon – aus Höflichkeit –
die Mütze ihm abgenommen.

Als schlafen ging der Pfefferkuchenmann,
da bog er sich krumm vor Schmerze:
An der linken Seite fehlte fast ganz
sein stolzes Rosinenherze!

Als Fritz tags drauf den Pfefferkuchenmann
besuchte, ganz früh und alleine,
da fehlten, o Schreck, dem armen Kerl
ein Arm und schon beide Beine!

Und wo einst saß am Pfefferkuchenmann
die mächt'ge Habichtsnase,
da war ein Loch! Und er weinte still
eine bräunliche Sirupblase.

Von nun an nahm der Pfefferkuchenmann
ein reißendes, schreckliches Ende:
Das letzte Stückchen kam schließlich durch Tausch
in Schwester Margretchens Hände.

Die kochte als sorgliche Hausfrau draus
für ihre hungrige Puppe
auf ihrem neuen Spiritusherd
eine kräftige, leckere Suppe.

Und das geschah dem Pfefferkuchenmann,
den einst so viele bewundert
in seiner Schönheit bei Bäcker Schmidt,
im Jahre neunzehnhundert.

*Jean Paul*

## DER DOPPELTE WEIHNACHTSMANN

Ich muß ungefähr sechs Jahre alt gewesen sein, als ich anfing, nicht mehr so recht an den Weihnachtsmann zu glauben.

„Gibt es den Weihnachtsmann eigentlich wirklich?" fragte ich Mama, als wir am Nachmittag gemütlich zusammensaßen und Weihnachtsschmuck bastelten.

„Du hast ihn doch oft gesehen", sagte Mama. „Erinnerst du dich nicht an letztes Weihnachten, wie er hereinkam hier ins Zimmer, mit seinem langen Mantel und seinem weißen Bart? Wir haben doch zusammen Weihnachtslieder gesungen."

„Jaja", sagte ich. „Aber wieviel Weihnachtsmänner gibt es eigentlich?"

„Wie viele? Natürlich nur einen. Den Weihnachtsmann!"
sagte sie.

„Und der kommt auch zum Klaus?" fragte ich weiter.
Klaus war mein Freund. Er wohnte ein paar Häuser weiter.

„Ja, natürlich", sagte Mama.

„Und zur Elke nach Paderborn auch?" Elke war vor zwei
Monaten mit ihren Eltern nach Paderborn gezogen.

„Ja, zu Elke auch", sagte Mama.

„Und zu den Kindern in München und in Hamburg?"
fragte ich.

„Zu denen kommt er auch!"

„Wie kann er denn am gleichen Abend in München und in
Hamburg und in Paderborn sein?" fragte ich.

„Wie er das kann, weiß ich auch nicht", sagte Mama. „Er
kann es halt. Dafür ist er eben der Weihnachtsmann. Als Weihnachtsmann kann er vielleicht an zwei Orten gleichzeitig sein."

Damit waren meine Zweifel aber noch lange nicht verschwunden. Ich hatte sogar einen bestimmten Verdacht.

„Wieso ist Papa eigentlich nie dabei, wenn der Weihnachtsmann kommt?" fragte ich.

Mama tat erstaunt. „Ist er denn nie dabei?" fragte sie.

„Nein", antwortete ich. „Jedesmal sagt er am Weihnachtsabend, er müsse noch was erledigen, und dann geht er weg.
Und gleich darauf kommt dann der Weihnachtsmann. Und wenn
der Weihnachtsmann mit dir und mir Lieder gesungen hat und
wieder weggegangen ist, dann kommt Papa zurück und fragt
uns, wie es denn gewesen sei mit dem Weihnachtsmann!"

„So ein Zufall!" sagte Mama. „Ich werde Papa sagen, daß er diesmal dableiben soll, wenn der Weihnachtsmann kommt."

Als Papa am Abend nach Hause gekommen war, hörte ich die beiden in der Küche halblaut miteinander reden. Ich ging leise zur offenen Küchentür, um zuzuhören.

„Du kannst es jedenfalls nicht mehr machen", sagte Mama gerade zu Papa. „Er hat etwas gemerkt."

„Aber wer denn dann?" fragte Papa.

„Vielleicht Robert?" sagte Mama. „Wir haben Robert doch sowieso zu Weihnachten eingeladen. Da kann er ja ..." In diesem Augenblick sah sie mich in der Tür stehen, brach mitten im Satz ab und sagte zu mir: „Du mußt jetzt mal in dein Zimmer gehen. Wir wollen gerade etwas Wichtiges besprechen. Etwas, das nur die Erwachsenen angeht."

Damit schob sie mich in mein Zimmer, und ich konnte nicht erfahren, was die beiden wohl besprechen wollten.

Drei Tage später war Weihnachtsabend. Wir saßen im Eßzimmer und warteten auf den Weihnachtsmann. Und auf Onkel Robert. Onkel Robert war der Bruder von Papa. Er wollte dieses Jahr Weihnachten mit uns feiern.

„Wo Robert nur bleibt?" sagte Papa und schaute auf die Uhr. „Er wollte doch schon längst dasein."

„Es schneit. Vielleicht kommt er mit dem Auto nicht durch", sagte Mama.

„Hoffentlich hast du nicht recht", meinte Papa und schaute wieder auf die Uhr.

Wir warteten eine Viertelstunde, eine halbe Stunde, und ich fragte alle fünf Minuten, wann denn der Weihnachtsmann käme. Aber er kam nicht. Und Onkel Robert auch nicht.

Papa wurde immer ungeduldiger. Plötzlich sprang er auf, ging aus dem Zimmer und rief uns im Hinausgehen zu: „Ich muß noch eine Kleinigkeit erledigen. Es dauert nicht lange, ich bin gleich wieder da!"

Ich fand es sehr schade, daß Papa gerade jetzt weg mußte. Ich hatte Sorge, der Weihnachtsmann könnte vielleicht wieder gerade dann kommen, wenn Papa weg wäre. Und wirklich: Papa war kaum fünf Minuten aus dem Zimmer, da klopfte es an die Tür, und der Weihnachtsmann kam herein.

Es war wie jedes Jahr: Erst fragte er mich, ob ich auch immer schön brav gewesen wäre. Dann sangen wir zusammen „Stille Nacht" und gingen alle hinüber ins Weihnachtszimmer.

Nach einer Weile sagte Mama: „So, lieber Weihnachtsmann, jetzt hast du dir einen ordentlichen Schluck verdient, jetzt darfst du in die Küche gehen und was trinken!" Und der Weihnachtsmann ging in die Küche.

Kaum war der Weihnachtsmann hinter der Küchentür verschwunden, da hörten Mama und ich vom Flur her laute Schritte und Gepolter.

„Um Gottes willen!" rief Mama, irgendwie erschrocken. „Nein, Robert ..."

Da ging die Tür auf. Aber es war nicht Robert, der hereinkam, sondern der Weihnachtsmann. Weiß der Himmel, wie er es geschafft hatte, von der Küche aus in den Flur zu kommen! Vielleicht war er aus dem Küchenfenster gestiegen und zum Flurfenster wieder herein. Er kam direkt auf mich zu. Ich war so damit beschäftigt, meine Geschenke auszupacken, daß ich ihn gar nicht weiter beachtete. Schließlich hatten wir uns ja eben lange unterhalten und zusammen ein Lied gesungen!

„Na, willst du denn gar nicht aufstehen?" fragte der Weihnachtsmann mit tiefer Stimme und baute sich vor mir auf. Erstaunt stellte ich mich vor ihn hin.

„Nun, bist du denn auch immer brav gewesen?" fragte er und schaute mich streng an.

„Das hab ich dir gerade doch schon gesagt", sagte ich erstaunt.

„Wann gerade?" fragte der Weihnachtsmann.

„Na eben", sagte ich. „Bevor wir zusammen gesungen haben."

„Wann sollen wir gesungen haben?" fragte der Weihnachtsmann ganz ratlos.

Ich wußte nicht, ob er wirklich so vergeßlich war, oder ob er vielleicht einen Spaß machen wollte. Ich sagte mal überhaupt nichts.

„Was haben wir denn angeblich gesungen?" fragte der Weihnachtsmann weiter.

„Na, 'Stille Nacht, hei'..." So weit war ich gerade gekommen, da schaute ich zufällig zur Küchentür hinüber. Und da sah ich etwas so Verwunderliches, daß ich aufhörte zu reden und mit offenem Mund staunte. Mama hatte doch recht gehabt! Der Weihnachtsmann konnte wirklich an mehreren Orten gleichzeitig sein. Denn der Weihnachtsmann stand nicht nur vor mir, mit seinem langen Mantel und seinem weißen Bart, er stand auch gleichzeitig in der Küchentür, hatte ein Glas Wein in der Hand und schaute verblüfft zu uns ins Zimmer.

Als der Weihnachtsmann sich sah (oder muß man sagen: Als die Weihnachtsmänner einander sahen?), machten beide kehrt, gingen hastig aus dem Zimmer und klappten die Tür hinter sich zu.

Nach einer Weile kam Papa zurück. Und mit ihm Onkel Robert, der inzwischen auch eingetroffen war.

„Stellt euch vor, ich habe den Weihnachtsmann doppelt gesehen!" erzählte ich ihnen gleich aufgeregt.

Aber sie gingen gar nicht darauf ein, sondern meinten nur, es sei höchste Zeit, daß wir nach all diesen Aufregungen mit dem Weihnachtsabendessen begännen.

Was sie allerdings mit „Aufregungen" meinten, ist mir nie ganz klar geworden. Denn schließlich waren Papa und Onkel Robert ja gar nicht dabei gewesen, als ich diese aufregende Weihnachtsmannverdopplung erlebte!

*Paul Maar*

# WENN ES WINTER WIRD

Der See hat eine Haut bekommen,
so daß man fast drauf gehen kann,
und kommt ein großer Fisch geschwommen,
so stößt er mit der Nase an.
Und nimmst du einen Kieselstein
und wirfst ihn drauf, so macht es klirr
und titscher-titscher-titscher-dirr.
Heißa, du lustiger Kieselstein!
Er zwitschert wie ein Vögelein
und tut als wie die Schwälblein fliegen –
doch endlich bleibt mein Kieselstein
ganz weit, ganz weit auf dem See draußen liegen.
Da kommen die Fische haufenweis
und schaun durch das klare Fenster von Eis
und denken, der Stein wär' was zum Essen;
doch so sehr sie die Nase ans Eis auch pressen,
das Eis ist zu dick, das Eis ist zu alt,
sie machen sich nur die Nasen kalt.
Aber bald, aber bald
werden wir selbst auf eigenen Sohlen
hinausgehn können und den Stein wieder holen.

*Christian Morgenstern*

## PASTETEN IM SCHNEE

In einem kleinen alten Bauernhaus weit draußen auf dem Land leben eine kleine alte Frau und ein kleiner alter Mann ganz allein mit vielen Hühnern und Küken. Es schneit und schneit, und der Wind heult. Da sagt die kleine alte Frau: „Es ist schrecklich einsam hier, immer nur mit dir und den Hühnerchen. Ich würde so gern Leute einladen, viele Leute, und ein Fest geben."

„Frau, sei doch gescheit", sagt der kleine alte Mann. „Selbst wenn wir Leute kennen würden, und selbst wenn sie durch Wind und Schnee herkämen, wir haben kein Krüstchen und kein Krümchen Kuchen im Haus."

Draußen schneit und schneit es, und der Wind heult. Drinnen macht die kleine alte Frau alle Lichter an, damit es im Haus nicht so einsam aussieht, und sie stellt das Radio an, damit es im Haus nicht so still ist. Plötzlich bläst der Wind schärfer und schärfer. Er bläst die elektrischen Leitungen herunter, das Radio geht aus, alle Lichter gehen aus, und es wird dunkel in dem kleinen Haus. Da zündet die kleine alte Frau Kerzen an und stellt sie auf den Tisch. Der Tisch sieht aus wie ein großer

Geburtstagskuchen. „Ich wünschte, es wäre ein Kuchen", sagt die kleine alte Frau. „Ich wünschte, der Tisch wäre ein großer Kuchen und wir hätten eine Gesellschaft."

„Hör auf, Frau", sagt der kleine alte Mann. „Von Wünschen wird man nicht satt, und von Wünschen hört der Wind nicht auf zu blasen und der Schnee nicht zu schneien." Dann zieht er seine Gummistiefel an und seine Ohrenschützer und seine Fäustlinge.

„Wo gehst du hin bei diesem Schnee und Wind?" fragt die kleine alte Frau.

„Wir haben dreihundert Küken im Stall. Die hole ich jetzt ins Haus, damit sie's warm haben. Dreihundert piepsende Küken werden dir wohl Gesellschaft genug sein."

„Die Küken", sagt die kleine alte Frau. „Ja, hol die Küken. Aber Gesellschaft, nein, Gesellschaft ist das nicht."

Und der kleine alte Mann geht zur Hintertür hinaus in den Stall durch den Schnee und den Wind. Horch! Da klopft es an der Vordertür – poch, poch! Und die kleine alte Frau öffnet die Tür. Da treibt ein Windstoß einen Wirbel von Schnee in die Stube, und draußen steht ein Mann, der sagt: „Mein Wagen ist im Schnee steckengeblieben. Ich hab eine Menge Leute drin. Dürfen wir hereinkommen zu Euch, gute Frau, und uns wärmen, bis der Schneepflug kommt und den Weg räumt?"

„Kommt nur, kommt!" sagt die kleine alte Frau. „Holt die Leute aus dem Wagen, und herzlich willkommen." Und sie schaufelt Schnee in einen Topf und setzt ihn auf den Herd, um Tee zu machen.

Der Mann geht zu seinem Wagen und kommt zurück mit seiner Frau, seiner Mutter und seinen drei Brüdern. Und seine Frau hält einen winzigen Säugling auf dem Arm.

Der kleine alte Mann bringt gerade einen Korb voll piepsender Küken herein. Er sagt: „Willkommen, willkommen, macht's Euch bequem. Meine kleine alte Frau hat sich schon so nach Gesellschaft gesehnt." Dann nimmt er eine Kiste und geht wieder zur Hintertür hinaus, um noch mehr Küken zu holen.

Da klopft es an der Haustür – poch, poch! Die kleine alte Frau läuft zur Tür, und da steht ein Mann im Schnee und im Wind mit seiner Frau und ihren Zwillingssöhnen und noch ein anderer Mann mit einem großen Jagdhund. Ihr Wagen ist auch im Schnee steckengeblieben, und sie müssen auf den Schneepflug warten. „Kommt herein", sagt die kleine alte Frau, „und willkommen. Es ist genug heißer Tee da. Nur zu essen haben wir nichts, kein Krümchen Kuchen und kein Krüstchen Brot."

Als der kleine alte Mann zurückkommt mit der Kiste voll piepsender Küken, sind schon elf Erwachsene, ein Säugling, zwei kleine Buben und ein großer Jagdhund im Haus. „Willkommen, willkommen", sagt der kleine alte Mann. „Meine kleine alte Frau hat sich so nach Gesellschaft gesehnt." Und dann geht er noch einmal hinaus, um die übrigen Küken zu holen.

Da klopft schon wieder jemand an die Haustür. Der kleine alte Mann kommt mit einer Kiste voll piepsender Küken durch die Hintertür, und er zählt 27 Erwachsene, 5 Kinder, 2 Säuglinge, 3 Hunde und einen Papagei. „Willkommen, willkommen", sagt der kleine alte Mann. „Meine kleine alte Frau freut sich, daß Gäste da sind."

Es klopft an die Haustür – poch, poch! Die kleine alte Frau läuft zur Tür, und der kleine alte Mann läuft hinterdrein. Da steht ein einziger Mann vor der Tür im Wind und im Schnee. Er sagt: „Es schneit und schneit, und der Wind pfeift, und mein Bus ist im Schnee steckengeblieben. Darf ich bei Euch warten, bis der Schneepflug kommt?"

„Herein, herein", sagt die kleine alte Frau, „und willkommen!" Der Autobusfahrer geht zu seinem Bus und kommt zurück mit 42 Erwachsenen, 7 Kindern, 3 Säuglingen, 2 Hunden, einem Kanarienvogel und einem kleinen zahmen Stinktier.

„Willkommen", sagt der kleine alte Mann. „Gut, daß Ihr da seid. Meine kleine alte Frau hat sich schon so nach Gesellschaft gesehnt." Da – schon wieder!

Vor der Tür steht der Mann mit dem Schneepflug. „Mein Schneepflug ist im Schnee steckengeblieben", sagt er. Und dann kommt er ins Haus, um auf die anderen Schneepflüge zu warten.

Die ganze Nacht hindurch kommen Leute und klopfen an die Tür. Jetzt sind es zusammen 84 Erwachsene, 17 Kinder, 7 Säuglinge, 6 Hunde, eine Katze, ein Papagei, ein Kanarienvogel und ein kleines zahmes Stinktier.

Draußen schneit und schneit es, und der Wind heult. „Es ist ein Jammer", sagt die kleine alte Frau. „Wirklich ein Jammer. So viele Leute und kein Fest. Wenn nur ein Krüstchen Brot oder ein Krümchen Kuchen im Haus wäre, oder ein bißchen Musik."

Da – horch! Es klopft. Die kleine alte Frau läuft ganz schnell zur Tür. Da steht der Mann von der Bäckerei. Sein Lieferwagen ist im Schnee steckengeblieben, gerade vor ihrer Tür.

„Nur herein", sagt die kleine alte Frau, „und willkommen."
Der Mann tritt in die Stube, schaut rundherum in all die vielen
Gesichter, und dann sagt er: „Ihr seht ja alle mächtig hungrig
aus." Und die kleine alte Frau sagt: „Es ist kein Krüstchen
und kein Krümchen zu essen im Haus, aber wenn Ihr trotzdem
hereinkommen und Euch wärmen wollt, so seid Ihr willkommen."

Da sagt der Mann: „Wer hilft mir, meinen Lieferwagen
auszuladen?" Und dann nimmt er ein paar Kinder mit und ein
paar von den großen Männern. Das ist ein richtiger Festzug!

Zuerst kommen die Tabletts mit den Brötchen. Rösche,
knusprige Brötchen, braun und glänzend; zarte Milchbrötchen,
weiß überpudert; Mohnbrötchen, Eierwecken, kleine Brötchen,
wie Zöpfe geflochten. Dann kommt ein ganzer Zug mit
Pasteten. Zitronenpasteten, Kirschpasteten, Apfelpasteten,
Kokoskrempasteten, Schokoladenpasteten. Dann kommen die
Napfkuchen mit rosa Zuckerguß, weißem Zuckerguß, dickem
Schokoladenguß.

Die kleine alte Frau klatscht in die Hände. „Ein Fest", sagt sie, „das wird ein richtiges Fest." Ein junger Mann macht Hüte aus Zeitungspapier, und dann schmausen alle nach Herzenslust.

Dann holt der Ziehharmonikaspieler seine Ziehharmonika und spielt so lustig, daß keiner stillsitzen kann. Alle stampfen mit den Füßen zur Musik. Sogar die Säuglinge drehen ihre kleinen Patschhände im Takt. Jetzt spielt der Musikant einen Walzer, und der kleine alte Mann faßt seine kleine alte Frau um die Taille und walzt mit ihr dahin, bis beide ganz atemlos sind (was gar nicht lange dauert), und alle klatschen in die Hände und fangen auch zu tanzen an. Der Ziehharmonikaspieler spielt und spielt. Es ist ein Fest, ein richtiges Fest mit Schmausen, Tanzen und Scherzen.

Das Fest dauert bis zum Mittag. Da hört es auf zu schneien und zu stürmen, und der Schneepflug kommt und räumt den Weg. Alle sagen Lebewohl zu der kleinen alten Frau und zu dem kleinen alten Mann, und sie sagen, daß es das schönste Fest ihres Lebens war.

Die kleine alte Frau ist zufrieden und glücklich; sie ist müde und schläfrig. Sie legt ihren Kopf auf den Tisch und schläft fest ein... und träumt das ganz Fest noch einmal.

*Beatrice Schenk de Regniers*

# ICH WÜNSCHE MIR ZUM HEILIGEN CHRIST

Ich wünsche mir zum Heiligen Christ
einen Kopf, der keine Vokabeln vergißt,
einen Fußball, der keine Scheiben
     zerschmeißt –
und eine Hose, die nie zerreißt.

Ich wünsche mir zum Heiligen Christ
eine Oma, die nie ihre Brille vermißt,
einen Nachbarn, den unser Spielen
     nicht stört –
und einen Wecker, den niemand hört.

Ich wünsche mir zum Heiligen Christ
eine Schule, die immer geschlossen ist,
eine Mutter, die keine Fragen stellt –
und einen Freund, der die Klappe hält.

Doch weil ich das alles nicht kriegen kann,
überlaß ich die Sache dem Weihnachtsmann.

*Erika Wildgrube-Ulrici*

# DIE GESCHICHTE VOM WEIHNACHTSBRATEN

Einmal fand ein Mann am Strand eine Gans. Tags zuvor hatte der Novembersturm getobt. Sicher war sie zu weit hinausgeschwommen, dann abgetrieben und von den Wellen wieder an Land geworfen. In der Nähe hatte niemand Gänse. Es war eine richtige weiße Hausgans.

Der Mann steckte sie unter seine Jacke und brachte sie seiner Frau: „Hier ist unser Weihnachtsbraten."

Beide hatten noch niemals ein Tier gehabt, darum hatten sie auch keinen Stall. Der Mann baute aus Pfosten, Brettern und Dachpappe einen Verschlag an der Hauswand. Die Frau legte Säcke hinein und darüber einen alten Pullover. In die Ecke stellten sie einen Topf mit Wasser.

„Weißt du, was Gänse fressen?" fragte sie.

„Keine Ahnung", sagte der Mann.

Sie probierten es mit Kartoffeln und Brot, aber die Gans rührte nichts an. Sie mochte auch keinen Reis und nicht den Rest vom Sonntagsnapfkuchen.

„Sie hat Heimweh nach anderen Gänsen", sagte die Frau.

Die Gans wehrte sich nicht, als sie in die Küche getragen wurde. Sie saß still unter dem Tisch. Der Mann und die Frau hockten vor ihr, um sie aufzumuntern.

„Wir sind eben keine Gänse", sagte der Mann. Er setzte sich auf seinen Stuhl und suchte im Radio nach Blasmusik.

Die Frau saß neben ihm am Tisch und klapperte mit den Stricknadeln. Es war sehr gemütlich. Plötzlich fraß die Gans Haferflocken und ein wenig vom Napfkuchen. „Er lebt sich ein, der liebe Weihnachtsbraten", sagte der Mann.

Bereits am anderen Morgen watschelte die Gans überall herum. Sie steckte den Hals durch offene Türen, knabberte an der Gardine und machte einen Klecks auf dem Fußabstreifer.

Als der Mann einen Eimer voll Wasser pumpte, wie er es jeden Morgen tat, ehe er zur Arbeit ging, kam die Gans, kletterte in den Eimer und badete. Das Wasser schwappte über, und der Mann mußte noch einmal pumpen.

Im Garten stand ein kleines Holzhäuschen, das war die Toilette. Als die Frau dorthin ging, lief die Gans hinterher und drängte sich mit hinein. Später ging sie mit der Frau zusammen zum Bäcker und in den Milchladen.

Als der Mann am Nachmittag auf seinem Rad von der Arbeit kam, standen die Frau und die Gans an der Gartenpforte.

„Jetzt mag sie auch Kartoffeln", erzählte die Frau.

„Brav", sagte der Mann und streichelte der Gans über den Kopf, „dann wird sie bis Weihnachten rund und fett."

Der Verschlag wurde nie benutzt, denn die Gans blieb jede Nacht in der warmen Küche. Sie fraß und fraß. Manchmal setzte die Frau sie auf die Waage, und jedesmal war sie schwerer.

Wenn der Mann und die Frau am Abend mit der Gans zusammen saßen, malten sich beide die herrlichsten Weihnachtsessen aus. „Gänsebraten und Rotkohl, das paßt gut“, meinte die Frau und kraulte die Gans auf ihrem Schoß.

Der Mann hätte zwar statt Rotkohl lieber Sauerkraut gehabt, aber die Hauptsache waren für ihn die Klöße.

„Sie müssen so groß sein wie mein Kopf und alle genau gleich“, sagte er. „Und aus rohen Kartoffeln“, ergänzte die Frau.

„Nein, aus gekochten“, behauptete der Mann. Dann einigten sie sich auf Klöße halb aus rohen und halb aus gekochten Kartoffeln. Wenn sie ins Bett gingen, lag die Gans am Fußende und wärmte sie.

Mit einem Mal war Weihnachten da. Die Frau schmückte einen kleinen Baum. Der Mann radelte zum Kaufmann und holte alles, was sie für den großen Festschmaus brauchten. Außerdem brachte er ein Kilo extrafeine Haferflocken.

„Wenn es auch ihre letzten sind", seufzte er, „soll sie doch wissen, daß Weihnachten ist."

„Was ich sagen wollte", meinte die Frau, „wie, denkst du, sollten wir … ich meine … wir müßten doch nun…" Aber weiter kam sie nicht.

Der Mann sagte eine Weile nichts. Und dann: „Ich kann es nicht."

„Ich auch nicht", sagte die Frau. „Ja, wenn es eine x-beliebige wäre. Aber nicht diese hier. Nein, ich kann es auf gar keinen Fall."

Der Mann packte die Gans und klemmte sie in den Gepäckträger. Dann fuhr er auf dem Rad zum Nachbarn. Die Frau kochte inzwischen den Rotkohl und machte die Klöße, einen genausogroß wie den anderen.

Der Nachbar wohnte zwar ziemlich weit weg, aber doch nicht so weit, daß es eine Tagesreise hätte werden müssen. Trotzdem kam der Mann erst am Abend wieder. Die Gans saß friedlich hinter ihm.

„Ich habe den Nachbarn nicht angetroffen, da sind wir etwas herumgeradelt", sagte er verlegen.

„Macht gar nichts", rief die Frau munter, „als du fort warst, habe ich mir überlegt, daß es den feinen Geschmack des Rotkohls und der Klöße nur stört, wenn man noch etwas anderes dazu auftischt."

Die Frau hatte recht, und sie hatten ein gutes Essen. Die Gans verspeiste zu ihren Füßen die extrafeinen Haferflocken. Später saßen alle drei nebeneinander auf dem Sofa in der guten Stube und sahen in das Kerzenlicht.

Übrigens kochte die Frau im nächsten Jahr zu den Klößen zur Abwechslung Sauerkraut. Im Jahr darauf gab es zum Sauerkraut breite Bandnudeln. Das sind so gute Sachen, daß man nichts anderes dazu essen sollte.

Inzwischen ist viel Zeit vergangen. Gänse werden sehr alt.

*Margret Rettich*

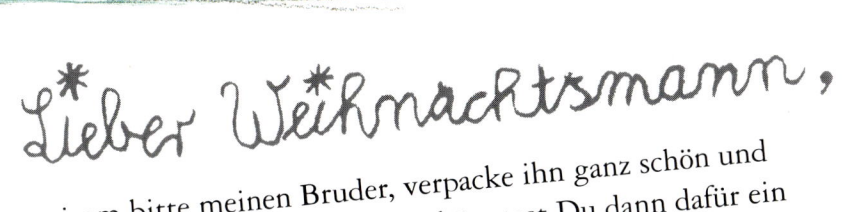

# Lieber Weihnachtsmann,

nimm bitte meinen Bruder, verpacke ihn ganz schön und verschenke ihn an andere. Mir könntest Du dann dafür ein Meerschweinchen schenken.

Am liebsten wäre mir ein Angorameerschweinchen. Das ist viel besser als ein Bruder. Kannst Du glauben. Erstens futtert es einem nicht alles weg, wie das mein verfressener (Entschuldigung, aber es stimmt!) Bruder tut. Zweitens will es nicht immer recht haben wie mein Bruder. Drittens wird es garantiert nicht dauernd auf das zweite Programm umstellen, wenn ich das erste sehen möchte. Viertens haut und zankt es nicht. Fünftens und überhaupt ist es bestimmt insgesamt viel netter als mein Bruder. Es gibt sicher noch zehn andere Gründe, ihn gegen ein Meerschweinchen zu tauschen. Aber die ersten fünf reichen schon.

Falls Du keinen kennst, der meinen Bruder geschenkt will, rufe mich bitte an, lieber Weihnachtsmann. In meiner Klasse gibt es nämlich eine, die einen Bruder möchte. Das liegt daran, daß sie noch nie einen gehabt hat.

Wenn Du nicht genug Geschenkpapier für dieses große und etwas dickliche Geschenk auftreiben kannst, besorge ich es. Hauptsache, alles klappt.

Deine Miriam!

*Achim Bröger*

# WICHTEL WICHTELN GANZ GEHEIM

Sie trocknen heimlich
die Teller ab.

Sie nähen heimlich
einen Knopf wieder an.

Sie decken heimlich
die Betten schön zu.

Sie stopfen heimlich
die nassen Schuhe aus.

Sie leeren heimlich
den Papierkorb aus.

Sie sitzen heimlich
hinter dem Vorhang
und freuen sich,
wenn die andern
sich freuen.

42

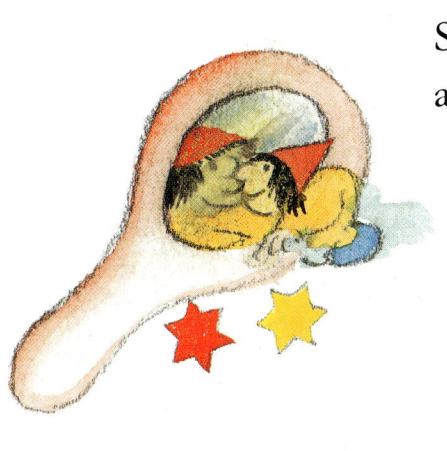

Sie putzen heimlich
alle Spiegel blank.

Sie bringen heimlich
den Müll zur Tonne.

Sie gießen heimlich
die Blumen am Fenster.

Sie fegen heimlich
den Fußboden sauber.

Sie decken heimlich
den Tisch.

Sie sind heimlich
ein bißchen traurig,
wenn niemand merkt,
was sie gewichtelt haben.

*Ute Andresen*

43

# DER RIESENGROSSE SCHNEEMANN

Kurz vor Weihnachten entdeckten Hans und Liese im
Schaufenster des Spielzeugladens von Fräulein Holzapfel am
Karolinenplatz eine bildhübsche Puppe mit echten Haaren und
Schlafaugen und ein wunderschönes Segelschiff. Sie waren so
begeistert davon, daß sie sofort nach Hause rannten und einen
neuen Wunschzettel für das Christkind schrieben mit dem Text:
„Die Puppenküche und die Eisenbahn, die wir uns gewünscht
haben, wollen wir nicht mehr haben. Wir wollen die Puppe und
das Segelschiff aus dem Schaufenster von Fräulein Holzapfel!"
Sie legten den Wunschzettel wie den ersten aufs Fenstersims und
beschwerten ihn mit einem Stein, damit der Wind ihn nicht
wegblasen konnte.

Am nächsten Tag fiel ihnen dann etwas Schreckliches ein. Möglicherweise verkaufte Fräulein Holzapfel die Puppe und das Segelschiff schon heute oder morgen an andere Leute, und wenn das Christkind zu ihr zum Einkaufen kam, waren nur noch andere Spielsachen zu haben?! Zehn Minuten später standen sie heftig schnaufend vor Fräulein Holzapfel im Spielzeugladen.

„Wir möchen Sie fragen, ob Sie nicht die Puppe und das Segelschiff für das Christkind zurücklegen wollen!" sagte Liese. „Wir haben die Sachen nämlich auf unseren Wunschzettel geschrieben!"

„Ach!" seufzte Fräulein Holzapfel. „Ich fürchte, das Christkind kommt in diesem Jahr überhaupt nicht mehr zu mir zum Einkaufen! Es kauft ja so gut wie niemand etwas bei mir. Alle Leute gehen in die großen Kaufhäuser in der Stadt!"

Für Hans und Liese war das eine böse Überraschung. Mit langen Gesichtern verließen sie den Laden.

„Man müßte halt dafür sorgen, daß das Christkind hierher kommt!" meinte Hans schließlich. Liese nickte. „Ja, aber wie?" Ihr fiel nichts ein. Auch Hans fiel nichts ein. So gingen sie niedergeschlagen nach Hause.

In der folgenden Nacht träumte dann Liese von einem riesengroßen Schneemann; der spazierte durch die Stadt, und alle Leute drehten sich nach ihm um. Da wußte Liese am nächsten Morgen, wie man dafür sorgen konnte, daß das Christkind zu Fräulein Holzapfel kam.

Schon vormittags machte sie sich mit Hans daran, vor dem Spielzeugladen einen Schneemann zu bauen. Als der aber fertig dastand, war Liese nicht zufrieden mit ihm. Sie sagte: „Er ist viel zu klein, als daß das Christkind Lust kriegen könnte, ihn anzugucken! Er muß noch viel größer werden!"

Liese lieh sich deshalb von Fräulein Holzapfel einen Stuhl, damit sie an dem Schneemann höher hinaufreichte. Eine Viertelstunde später kamen dann zufällig drei Anstreicherlehrlinge mit einer Leiter vorbei.

Als die hörten, um was es ging, halfen sie tüchtig mit. Da war der Schneemann schon bald vier Meter hoch. Doch in Lieses Augen war er immer noch zu klein. „Er muß noch größer werden!" sagte sie.

Mittlerweile hatten sich auch eine Schar Buben und einige Männer eingefunden und halfen mit, den großen Schneemann zu bauen. Einer von den Männern war mit dem Hauptmann der städtischen Feuerwehr befreundet; mit dem telefonierte er jetzt vom näch-

sten Telefonhäuschen aus.
Da kam wenig später mit
lautem „Tatü! Tatü!" ein großes
rotes Feuerwehrauto angesaust.
Die Feuerwehrmänner fuhren die
lange, lange Leiter aus und halfen
nun ebenfalls beim Bau des Schnee-
manns mit.

Da stand zwei Stunden später vor
dem Schaufenster von Fräulein Holzapfel
ein wunderschöner Schneemann; der war
fast zehn Meter hoch. Er trug als Hut
eine umgestülpte Waschbütte auf dem
Kopf, als Augen hatte er zwei Briketts,
und als Nase hatte er eine große
Zuckerrübe im Gesicht. Einen so
riesengroßen, herrlichen Schneemann
hatte man bis dahin noch nie
in der Stadt gesehen. Im Nu war
der Karolinenplatz schwarz
vor lauter Menschen,
die ihn sich
anguckten.

Und jeden Tag kamen andere Leute und sahen sich den Schneemann an. Und weil sie nun schon einmal da waren, gingen viele in den Spielzeugladen von Fräulein Holzapfel hinein und kauften Weihnachtsgeschenke. Offensichtlich ließ sich auch das Christkind von dem riesengroßen Schneemann anlocken und kaufte bei Fräulein Holzapfel ein. Am Heiligen Abend war der Spielzeugladen jedenfalls restlos ausverkauft! Alle Regale waren leer!

Hans und Liese aber fanden an diesem Heiligen Abend unterm Weihnachtsbaum nicht nur die gewünschte Puppe und das Segelschiff, sondern auch die Puppenküche und die Eisenbahn, die sie auf den ersten Wunschzettel geschrieben hatten. Da waren sie ganz fassungslos; sie dachten sich: So brav, daß wir das verdient hätten, sind wir ja nun wirklich nicht gewesen!

Daß ihnen nicht das Christkind, sondern Fräulein Holzapfel die Puppe und das Segelschiff geschenkt hatte, aus Dankbarkeit für ihre Hilfe, haben Hans und Liese nie erfahren.

Bis heute nicht.

*Günter Spang*

# DER LEBENDIGE WEIHNACHTSBAUM

Es war ein frostiger Tag, und ein durchfrorener Vater suchte einen Weihnachtsbaum. Aber im Wald war nichts mehr zu finden. Jetzt stand er da im Frost und ohne Weihnachtsbaum.

Da kam ein Hirsch auf ihn zu und sagte mit Menschenstimme: „Ich weiß, du suchst einen Weihnachtsbaum, und ich will schon immer einer werden. Schau, mein Geweih. Es ist mit Moos überwachsen, es glitzert und riecht nach Tannennadeln."

Und es roch wirklich nach Tannennadeln.

„Komm doch mit", sagte der Vater. „Aber du darfst nichts verraten."

„Ist doch klar", sagte der Hirsch. „Nur möchte ich, daß der Stern auf der Spitze ganz golden ist, und viele farbige Kugeln möchte ich auch."

„Kann ich auf dir auch Kerzen anzünden?" fragte der Vater.

„Ja", sagte der Hirsch, „aber bitte vorsichtig mit dem Engelshaar."

So nahm der Vater den Hirsch mit nach Hause und schmückte ihn ganz geheim, aber geschmackvoll.

„Röhren darfst du nicht", sagte der Vater, „als Weihnachtsbaum mußt du deine Schnauze halten."

„Welcher Weihnachtsbaum röhrt schon?" fragte der Hirsch entrüstet.

Die Kinder waren begeistert und riefen: „Also so ein Weihnachtsbaum! Der ist ja einmalig!"

„Der ist wirklich einmalig", sagte der Vater und zwinkerte zum Hirsch. Der Hirsch zwinkerte zurück.

Später am Abend hörte man auf einmal vor dem Fenster ein leises Röhren. Da wurde der Weihnachtsbaum unruhig, und dann röhrte er auch. Die Kinder sagten: „Papi, der Weihnachtsbaum röhrt."

„Was einem heutzutage alles als Weihnachtsbaum verkauft wird", sagte der Vater. „Unglaublich."

Da sagte der Weihnachtsbaum: „Entschuldigt bitte, aber mein bester Freund ist da." Und er röhrte ganz wehmütig.

Dann ging er hinaus in die weiße Sternennacht. Die Kinder liefen ihm nach, weil ihnen der Weihnachtsbaum so gefiel.

Und der Weihnachtsbaum sagte: „Kommt mit in den Wald, wo die Tiere feiern. Die brauchen auch einen Weihnachtsbaum."

Und die Kinder gingen hinter den beiden Hirschen her bis zur Lichtung. Da waren viele Tiere versammelt, die sich über den Weihnachtsbaum freuten. Der Weihnachtsbaum röhrte ein Lied, und die Tiere summten mit.

Und als Bescherung bekam jedes Tier eine goldene Nuß vom Weihnachtsbaum und einen Zimtstern.

Und das Licht auf der Lichtung war bläulich.

*Ludwig Askenazy*

# WEIHNACHTEN IN DER GROSSEN STADT

Seltsam schaut die Stadt heut aus:
Alle Fenster sind verdunkelt!
Und es flüstert und es munkelt
sonderbar in jedem Haus.

Straßenbahnen läuten nicht.
Einsam leuchten die Laternen.
Und von oben aus den Sternen
fällt der Schnee so weich und dicht.

Wie ein Riese schläft die Stadt,
die der Himmel mit dem feinen
weißen Schnee wie unter Leinen
zärtlich eingemummelt hat.

In den Türmen hängen stumm
große Klöppel im Gehäuse.
Nur der Wind weckt manchmal leise
in den Glocken ein Gebrumm.

Seltsam ruhig ist es heut
in den Straßen und den Gassen.
Selbst der Marktplatz ist verlassen
und wie tot um diese Zeit.

Aber da mit einemmal
wehen in das Spiel der Flocken
von den Türmen, von den Glocken
Silbertöne ohne Zahl.

Und die Kirchen, groß und schwer,
öffnen mächtig die Portale.
Und da gehn mit einem Male
wieder Menschen hin und her.

Stimmen lachen, Türen gehn,
und in schmalen Fensterritzen
kann ich etwas golden blitzen
und verwirrend blinken sehn.

Plötzlich scheint die Stadt erwacht.
Auch die Kinder hör ich wieder.
Und es tönen Weihnachtslieder
fröhlich in die weiße Nacht.

*James Krüss*

## WIE DER KLEINE WEIHNACHTSENGEL GLÜCKLICH WURDE

Als der kleine Weihnachtsengel erwachte, befand er sich in dem festlich geschmückten Zimmer. Er hing an einem Zweig des Christbaumes ganz in der Nähe einer dicken roten Glaskugel, und wenn er in die Höhe schaute, bis zur Spitze des Baumes, so gewahrte er dort den Weihnachtsstern. Dem kleinen Weihnachtsengel wurde ganz feierlich zumute. Er erlebte dies alles ja zum ersten Male in seinem Leben; denn er war erst gestern gekauft worden.

„He, wer sind Sie denn?" plärrte da eine Stimme durch den Raum. Der kleine Weihnachtsengel erschrak. „Ist da jemand?" fragte er.

„Das will ich meinen", lautete die Antwort. „Schauen Sie einmal nach unten."

Der kleine Weihnachtsengel folgte dieser Aufforderung und erblickte zu Füßen des Christbaumes einen großen, buntgekleideten Herrn mit einem entsetzlich breiten Mund.

„Ich bin ein Weihnachtsengel", stellte sich der Weihnachtsengel vor. „Und wer sind Sie?"

Der buntgekleidete Herr war empört über diese Frage. Er vertrat nämlich die Ansicht, jeder auf der Welt müsse ihn kennen. „Na, hören Sie mal!" sagte er. „Kennen Sie etwa mich, den Nußknacker, nicht? Ich bin eine der berühmtesten Persönlichkeiten aller Zeiten." Und bei diesen Worten klapperte er abscheulich mit seinem breiten Mund.

„Entschuldigen Sie vielmals", sagte der Weihnachtsengel. „Ich habe Sie wirklich noch nie in meinem Leben gesehen."

„Ich dachte es mir", erwiderte der Nußknacker. „Sie sehen auch ziemlich dumm aus, und arm scheinen Sie obendrein zu sein." Er wandte sich an einen Herrn, der neben ihm stand. „Was meinen Sie dazu, Herr Räuchermännchen?"

Das Räuchermännchen sah aus wie ein Nachtwächter.

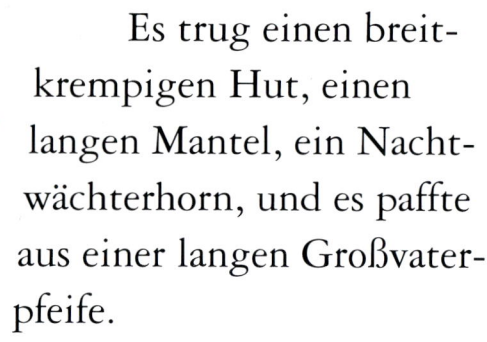

Es trug einen breit-
krempigen Hut, einen
langen Mantel, ein Nacht-
wächterhorn, und es paffte
aus einer langen Großvater-
pfeife.

„Mich geht das nichts an!"
brummelte das Räucher-
männchen und stieß eine
dicke Rauchwolke von sich.
„Aber wenn Sie mich fragen,
so meine ich, ein wenig Farbe
könnte nicht schaden."
Der Nußknacker lachte laut auf.
„Ja, sehen Sie mich an, meine prächtige
Uniform!" rief er. „Ein roter Rock mit
goldenen Tressen, eine blaue Hose und ein
herrlich langer Säbel. Auf meiner Brust erblicken Sie
silberne und goldene Orden, und meine Mütze ist aus edlem
Pelzwerk."

Da mußte der kleine Weihnachtsengel dem Nußknacker
recht geben. Er war wirklich ein schmucker Herr, der sich sehen
lassen konnte. Der kleine Weihnachtsengel hingegen trug nur
ein schlichtes Hemdkleid, das ihm bis zu den Füßen reichte.
Auf dem Rücken hatte er zwei Flügel, und das einzig Farbige
an ihm waren seine rosa Bäckchen. Und das war nun wahrhaftig
nicht viel.

Der kleine Weihnachtsengel schämte sich, daß er so einfach gekleidet war, viel einfacher noch als das Räuchermännchen, das immerhin zum grünen Mantel einen blauen Hut trug, das ein goldenes Horn besaß und eine braune Pfeife zum Räuchern.

„Es ist wirklich traurig, wenn man so aussieht wie Sie", meckerte der Nußknacker, klapperte mit seinem breiten Mund, wackelte mit dem Kopf und fragte: „Sind Sie wenigstens zu etwas nütze?"

Der Weihnachtsengel wußte nicht, was das ist, zu etwas nütze sein. Er mußte es sich vom Nußknacker erklären lassen.

Zu etwas nütze sein, so erläuterte ihm der Nußknacker, das sei, wenn man eine gewichtige Aufgabe zu erfüllen habe, wie er zum Beispiel. „Ich knacke nämlich Nüsse", sagte der Nußknacker und plusterte sich dabei gewaltig auf; denn er war der Meinung, Nüsse knacken sei überhaupt die wichtigste Beschäftigung der Welt. „Knacken Sie vielleicht Nüsse?" fragte er den Weihnachtsengel.

„Nein", antwortete der Weihnachtsengel leise, „ich knacke keine Nüsse."

„Das war mir von Anfang an klar!" rief der Nußknacker. „Sie haben auch einen viel zu kleinen Mund." Er blickte triumphierend in die Runde, als suche er Beifall für seine Worte. Aber nur das Räuchermännchen nickte mit dem Kopf und meinte, so einfach sei es eben nicht, zu etwas nütze zu sein. Und das Räuchermännchen fragte den Weihnachtsengel, ob er denn vielleicht räuchern und für einen guten Duft in der Weihnachtsstube sorgen könne.

Der Weihnachtsengel mußte gestehen, daß er auch nicht zu räuchern verstehe.

„Dann können wir leider nicht mit Ihnen verkehren!" rief hochnäsig der Nußknacker. „Wir unterhalten uns nur mit Leuten, die farbenprächtig gekleidet sind, wie es sich gehört, und die zu etwas nütze sind." Das Räuchermännchen nickte zu diesen Worten und stieß dicke Rauchwolken aus, während der Nußknacker mit dem breiten Mund klapperte.

Eine winzige Träne kullerte dem kleinen Weihnachtsengel über das Gesicht. Er wandte sich hilfesuchend an den Nußknacker und fragte: „Was soll ich tun? Was raten Sie mir?"

Der Nußknacker lachte hämisch und sagte: „Ich an Ihrer Stelle würde rasch zurückkehren in den Pappkarton, der auf dem Speicher steht."

Ehe aber der Weihnachtsengel diesen bösen Rat befolgen konnte, öffnete sich die Tür der Weihnachtsstube. Der Vater trat ein, nahm ein Zündholz und steckte die Kerzen in Brand. Dann läutete er mit einer kleinen Porzellanglocke, und die Mutter kam mit den Kindern ins Zimmer. Alle sangen gemeinsam ein Weihnachtslied, und jedes der Kinder mußte ein Gedicht aufsagen.

Thomas aber, der Jüngste, blieb mitten in seinem Gedicht stecken. Er hatte den neuen Weihnachtsengel im Baum entdeckt, und glücklich rief er: „Oh, Mutti, ist der schön!"

Bums – machte es da. Der Nußknacker war vor Ärger umgefallen, und das Räuchermännchen verschluckte sich vor Schreck am Rauch und mußte husten. Aber niemand kümmerte sich um sie. Alle betrachteten den kleinen Weihnachtsengel.

Dessen Wangen aber röteten sich vor Freude noch mehr. Er wußte nun, daß man nicht unbedingt bunt sein und mit einem breiten Mund klappern muß. Auch ein schlichter Weihnachtsengel ist schön. Thomas hatte es gesagt.

Und nützlich? Na, ist es nichts, wenn einer einen kleinen Buben glücklich macht?

*Fabian Lith*

# DAS CHRISTKIND
## UND DER WEIHNACHTSMANN

Stell dir vor und denke dir:
Gestern nachmittag um vier
stand das Christkind vor meiner Tür!
Vom Waldrand stapfte es durch den Schnee
über verschneite Felder, vorbei am See.
Frierend in seinem kurzen Kleid,
klopfte es zaghaft und fragte an,
ob es sich ein wenig aufwärmen kann.
Sogleich gab ich ihm mein Kinderbett,
das schob ich zum Ofen, dem warmen.
Brachte ihm Decken und heißen Tee,
denn es fror zum Erbarmen!
Das Christkind erzählte:
Unser Schlitten war so voll bepackt,
mit Spielzeug und Nüssen eingesackt,
Geschenken, Plätzchen und vielem mehr,
ich saß auf einem Teddybär,
denn keinen Platz gab's auf der Reise.
Die vielen Glöckchen klingelten leise
auf unserer langen Himmelsfahrt.
Dem Nikolaus gefror der Bart,
doch er hielt die Zügel
fest in der Hand.

Durch Nacht und Schnee das Hirschgespann
am nächsten Tag zur Erde fand.
Der Schlitten landete recht hart,
und ich, das kleine Christkind zart,
purzelte in den Schnee vor Schreck!
Der Weihnachtsmann fuhr einfach weg,
ich rief und winkte!
Doch er hörte es nicht.
Da bin ich nun. Welch Ungeschick!
Wie komme ich bloß in den Himmel zurück?
Und in seiner Sorge und Pein
schlief das Christkind schließlich ein.
Es dunkelte.
Und leis' es zu schneien begann,
als ich auf einmal Schlittenglöckchen vernahm,
dann schwere Schritte. Man schlug an die Tür!
Eine tiefe Stimme rief: „Ist das Christkind hier?"
Der Weihnachtsmann war's! Ihr lieben Leut,
wie hat das Christkind sich gefreut!
Zum Dank schenkten mir die beiden dann
Lebkuchen und einen Hampelmann.
Mußten nun eilig an Weiterfahrt denken –
wollten noch viele Kinder beschenken.

*Christa Oberdorf*

# DIE BÄRENWEIHNACHT

In dem einen Jahr, da geschah es, daß der alte Korbinian zu Weihnachten ganz allein war. Seine Freunde waren weg, und niemand hatte zu ihm gesagt: „Du kannst doch ganz einfach zu uns kommen. Ja, komm doch zu uns, wir warten, bis du kommst." Und so war der alte Korbinian allein geblieben. Er hatte auch kein Holz mehr zum Heizen, und es fror ihm an den Händen.

„Ich werde vielleicht über die Felder gehen", sagte er zu sich, „das macht warm." Und er ging an den Häusern vorbei aus der Stadt hinaus bis zu der Böschung, von wo aus man den Fluß sehen kann. Er ging so vor sich hin und merkte mit einem Mal, daß jemand neben ihm ging. Ein Fuchs! Sie gingen eine Weile nebeneinander her und keiner fragte den anderen: Woher oder wohin. Bald sah der alte Korbinian, daß auch noch fünf Krähen und zwei Hasen, sieben Waldmäuse und ein Wiesel mitgingen.

Und sie gingen nebeneinander und setzten einen Fuß vor den andern, und keiner sagte ein Wort, denn Tiere sind wortkarg. Erst bei der Buche beim kleinen Wald kratzte ihn der eine Hase am Bein und sagte in der Hasensprache: „Ob Sie mich bitteschön tragen könnten, Herr Korbinian? Ein kleines Stück bloß. Nicht weit. Ich bin auch gar nicht schwer. Hasengewicht. Meine Beine, wissen Sie, mir ist so kalt. Auch bin ich nicht mehr der Jüngste." Da nahm Korbinian den Hasen auf die Schulter. Bald krochen die Waldmäuse in seine Taschen und das Wiesel unter seine Jacke. Dann nahmen auch die größeren Tiere die kleineren auf den Rücken, weil ihnen die Beine weh taten.

Sie waren zusammen schon vierundsechzig Waldtiere, elf Vögel und ein Hund aus einem fremden Dorf. „Ein kleines Stück bloß noch", flüsterte das Wiesel dem Korbinian ins Ohr, „wir gehen nämlich zum Bären. Bei ihm ist es warm, und heute ist doch die große Nacht. Der Bär ist der König."

Ich weiß schon, manche denken, es gäbe gar keine Bären, aber in solchen Nächten gibt es Bären!

Der Bär war böse. „Wer ist der Mensch! Wo habt ihr ihn her, wer hat ihn mitgebracht? Noch nie war ein Mensch hier, nie!" Da setzte sich ein kleiner Hänfling auf die Bärenschulter des Königs und sang ihm ins Ohr: „Ich, bitte schön, Herr König. Ich kenne ihn. Er ist der Korbinian. Ich kenne ihn sogar persönlich. Sie wissen schon, er hat mich im vorigen Jahr auf dem Vogelmarkt gekauft und freigelassen. So etwas tat vorher noch niemand. Das ist eine Tat, Herr Bär, und ich lege für ihn meinen Flügel ins Feuer, wenn sie wollen. Meine Familie und ich haben den ganzen Sommer das Lied von dem wunderbaren Mann gesungen, Sie werden sich vielleicht erinnern. Er soll bitte bleiben."

Da drängten sich die Stadtmäuse nach vorn und riefen: „Ja, ja! Das stimmt. Er ist der Korbinian. Wir kennen ihn gut. Er hat immer sein Brot mit uns geteilt. Jeder die Hälfte, ganz ehrlich. Er ist ein guter Mensch, Herr König. Und wo sollte er überhaupt hingehen, wenn sie ihn wegschicken? Wo denn hin?"

Da wurden die Augen des Bären ganz hell, und er wischte sich mit der Pfote über die Schnauze und sagte: „Er bleibt."

Die Tiere setzten sich um den Bären, und ihre Augen sahen aus wie klares Wasser. „Macht die Lichter an, Freunde!" sagte der Bär, und die Adler flogen zu den Sternen und putzten sie mit ihren Flügeln. Das war eine Nacht, die so groß war, daß den Korbinian die Erde nicht mehr unter den Füßen drückte. „Und was habt ihr mir zu sagen, Tiere?" sagte der Bär. Ein Hamster trat vor, knöpfte seinen Pelz auf und sagte: „Hier ist ein Schmetterling, Herr König. Ich habe einen Schmetterling vor dem Erfrieren gerettet." Er legte ihn dem König zur Probe auf die Pfote, damit er ihn spüren konnte, und steckte ihn dann vorsichtig wieder unter die Pelzjacke.

Da hörte der Korbinian, wie jemand neben ihm flüsterte: „Der Mann! Vielleicht hat der Mann Hunger." Und er merkte, wie ein Eichhörnchen ihm seinen Nußvorrat in die Tasche steckte. Heimlich, und alle Nüsse geknackt. Er probierte die Nüsse, sie waren so wie früher, als er noch nicht allein war. (Hinter dem Rücken verteilte er sie wieder an die Waldmäuse.) Und er hörte, wie jemand sagte: „Vielleicht friert es den Korbinian." Da legten sich die Hasen auf seine Füße und wärmten ihn. Der Bär und die Sterne waren gar nicht mehr weit. Und der Hamster flüsterte ihm ins Ohr: „Ich könnte dir meinen Schmetterling schenken, wenn du magst. Ich selber brauche ihn ehrlich nicht."

Der Hänfling setzte sich ganz nah bei seinem Gesicht nieder, und als er den Schnabel auf seinen Schnurrbart legte, da träumte der alte Korbinian vom lieben Gott.

*Janosch*

# DER HIRTE

Auf dem Berge Nebo lebte einst ein alter Hirte. Er weidete seine Schafe und blies dazu auf seiner Hirtenflöte. Auf dem Berg gab es kein anderes Haus als seine alte Hütte, zu der führte ein schmaler Pfad. Der Hirte war einsam und alt.

Eines Nachts, als er unter den Palmen eingeschlafen war, hatte er einen Traum: Ein großer, heller Stern zog am Himmel herauf. Einen solchen hatte er noch nie gesehen. Und ein Engel kam, der sprach: „Fürchte dich nicht, ich verkünde dir große Freude. Heute nacht ist das Christuskind geboren. Wach auf und folge dem Stern!"

Der Hirte wachte auf. Da stand der große, helle Stern über ihm. Eilig weckte er seine Schafe, nahm Stab und Flöte und folgte dem Stern. Er zog ihm nach über Berge und Täler, und die Schafe gingen hinterdrein.

Sie kamen in eine schöne Stadt. Da dachte der Hirte: „Hier werde ich das Christuskind finden." Aber der Stern führte ihn weiter.

Sie kamen an ein prächtiges Schloß. Wieder dachte der Hirte: „Hier werde ich das Christuskind finden." Aber der Stern führte ihn weiter.

Sie kamen an ein einsames Feld. Da stand eine alte Hütte, zu der führte ein schmaler Pfad. Der Hirte wollte umkehren, er glaubte, er hätte sich verirrt. Aber der Stern neigte sich und blieb über der Hütte stehen.

Erstaunt trat der Alte näher. Da lag das Kind auf Heu und Stroh in einer Futterkrippe. Maria und Joseph waren eingeschlafen. Das Kind aber schaute den Hirten an, und er erschrak.

„Du bist das Christuskind", sagte er, „und du bist so arm! In einer Hütte bist du geboren, du hast keine Wiege, in einer Krippe mußt du liegen auf Heu und Stroh." Und er zog seinen Mantel aus und deckte das Kindlein damit zu.

Da lächelte das Christuskind, und der alte Hirte vergaß alle Armut. Er sagte: „Ich weiß nun, der Himmel und die Erde sind dein."

Und seine Freude wurde übergroß.

*Helga Aichinger*

# DIE WEIHNACHTSGESCHICHTE

Es begab sich aber zu der Zeit, daß ein Befehl vom Kaiser Augustus ausging, alle Bewohner des Reiches zählen zu lassen. Da ging jeder in seine Heimatstadt, um sich einzutragen.

So reiste auch Josef aus der Stadt Nazareth in die kleine Stadt Bethlehem, mit Maria, seiner angetrauten Frau, die ein Kind erwartete.

Als sie dort waren, brachte Maria ihren Erstgeborenen zur Welt. Sie wickelte ihn in Windeln und legte ihn in eine Krippe, denn sie hatten keinen Platz in einer Herberge gefunden.

In dieser Gegend lagerten Hirten auf freiem Feld und hielten Nachtwache bei ihren Herden. Da trat der Engel des Herrn zu ihnen, und ein himmlischer Glanz umstrahlte sie. Sie fürchteten sich sehr, der Engel aber sprach zu ihnen:

„Fürchtet euch nicht, denn ich verkünde euch eine große Freude, die der ganzen Welt zuteil werden soll. Heute ist euch der Retter geboren; er ist der Messias, der Herr. Und das soll euch als Zeichen dienen: Ihr werdet ein Kind finden, das in Windeln gewickelt in einer Krippe liegt."

Und plötzlich war bei dem Engel ein großes himmlisches Heer, das lobte Gott und sprach: „Ehre sei Gott in der Höhe und Friede auf Erden bei den Menschen, die guten Willens sind."

Da sagten die Hirten zueinander: „Kommt, wir gehen nach Bethlehem." Sie fanden Maria und Josef und das Kind in der Krippe und erzählten überall von dem Wunder, das ihnen widerfahren war. Und alle, die das hörten, staunten über die Worte der Hirten. Maria bewahrte alles, was geschehen war, in ihrem Herzen und dachte darüber nach. Die Hirten aber priesen Gott und kehrten zurück zu ihren Tieren.

Bald danach kamen Sterndeuter aus dem Morgenland und fragten: „Wo ist der neugeborene König? Wir haben seinen Stern aufgehen sehen und sind gekommen, ihm zu huldigen."

Der Stern aber zog vor ihnen her bis zu dem Ort, wo das Kind war. Als sie es erblickten, fielen sie vor ihm auf die Knie nieder, holten ihre Schätze hervor und schenkten ihm Gold, Weihrauch und Myrrhe.

*Nach Lukas und Matthäus*

# Das Weihnachten der Tiere

Daß auch die Tiere das erste Weihnachtsfest mitgefeiert haben, das weiß jedes Kind, das schon einmal eine Krippe gesehen hat: mit den Schäfchen, den Hirtenhunden und mit Ochs und Esel im Stall bei Maria und Josef und dem Jesuskind. Der Evangelist Lukas hat uns die ganze Geschichte als einziger berichtet. Aber wenn man genau hinsieht, hat Lukas von den Tieren eigentlich wenig erzählt. Er sagt nur: „In der Gegend hielten Hirten auf freiem Felde Nachtwache bei ihrer Herde." Woher wissen wir denn dann von Ochs und Esel und den anderen Tieren?

Nun, die Sache ist ganz einfach. Nicht nur die Menschen können sprechen, in all ihren verschiedenen Sprachen, die man kaum zählen kann, zum Beispiel deutsch und englisch und französisch und italienisch und spanisch und griechisch und türkisch, japanisch und chinesisch, arabisch und hebräisch und noch viele andere mehr. Nein, auch die Tiere haben ihre Sprache, aber die verstehen wir Menschen nicht, bis auf ganz wenige Ausnahmen. Ich habe noch einen Mann gekannt, der die Sprache der Tiere verstehen konnte, und er hat mir die ganze Geschichte genau erzählt. Und weil nun wieder Weihnachtszeit ist, will ich sie euch ausnahmsweise, aber wirklich nur ganz ausnahmsweise, weitererzählen.

Ja, die Tiere können sprechen. Sie haben viele verschiedene Sprachen, und so haben sie die Weihnachtsgeschichte bis auf den heutigen Tag immer wieder berichtet: die Schafe in ihrer

Mäh-mäh-Sprache, die Ziegen in ihrer Meck-meck-Sprache, die
Hunde in ihrer Wau-wau-Sprache, die Esel in ihrer Ia-Sprache,
die Ochsen in ihrer Muh-muh-Sprache, aber auch die Vögel in
ihrer Zwitschersprache, die Grillen in ihrer feinen leisen Silber-
sprache, die Katzen in ihrer Miau-Sprache, ja sogar die Schlangen
in ihrer Zischelsprache, die Löwen in ihrer Brüllsprache, die
Leoparden in ihrer Fauchsprache und die Bären in ihrer Brumm-
sprache. Alle diese Tiere lebten nämlich damals in Bethlehem
im Jordanland, das man später Palästina genannt hat und das
heute Israel heißt. Und dies ist ihre Geschichte:

Als die Hirten in der Nacht bei ihren Schafen und Ziegen
und Rindern zusammen mit den Hunden Wache hielten, um
die hungrigen Löwen und Leoparden und Bären mit ihren
Hirtenfeuern zu verscheuchen, da wurde es plötzlich ganz hell
vom Himmel her, und ein strahlender Engel erschien und
verkündete, daß dort in dem alten Stall gerade der Heiland
geboren wäre und in Windeln in der Futterkrippe läge.

Die Hirten kriegten es mächtig mit der Angst zu tun; denn nach dem einen Engel kamen noch viele andere vom Himmel herabgeschwebt, so daß die Nacht blendend hell wurde, aber die Schäfchen und Ziegen und Rinder fürchteten sich nicht. Die blökten und meckerten und muhten fröhlich um die Wette und sangen so das allererste Weihnachtslied. Alle zusammen eilten sie zum Stall. Da standen Ochs und Esel schon an der Krippe und staunten das kleine Jesuskind an. Ihr dichtes Fell strahlte in dem kalten engen Stall so viel Wärme aus wie eine richtige Heizung, und so sorgten sie dafür, daß das Kind und seine Eltern nicht frieren mußten.

Die Geschichte sprach sich schnell herum bei allen Tieren, die in der Nähe waren, und da stimmten sie ein vielstimmiges Weihnachtskonzert an: Die Löwen brüllten mit lautem Jubel, die Leoparden kicherten sich vor Freude ins Tatzenfäustchen, die Bären brummten den Brummbaß dazu, und die kleinen Grillen, die unten in den Bodenritzen des Stalles saßen, strichen

ihre hellen Silbergeigen. Der Esel mit seinem lauten Ia spielte die Schalmeie, und der Ochs mit seinem dunklen Muh strich den Kontrabaß. Ein Kätzchen miaute, und das klang fast wie ein Triangel. Selbst die Vögel, die sonst im Dunkeln ihre Köpfchen unter die Federn stecken, zwitscherten munter dazwischen.

So vielstimmig war das Konzert, daß dagegen später die Bremer Stadtmusikanten vor Neid ganz blaß geworden sind. Es klang wie ein feierliches Orgelkonzert, bei dem alle Register gezogen werden mit hellen und dunklen Pfeifen, mit Tirilieren und festlich dumpfem Gebrause. Und darum wird noch heute in allen Kirchen zu Weihnachten die Orgel gespielt.

Nun, und später kamen die sternkundigen drei Weisen aus dem Morgenland auf ihren Kamelen angeritten, denn ein heller Stern am Himmel hatte ihnen den Weg gezeigt. Aber Kamele sind sehr vornehme Tiere. Sie blicken ein bißchen hochnäsig von oben herunter und schweigen in stummer Herablassung. Sie haben auch gar nichts weitererzählt, und wenn uns nicht der Evangelist Matthäus haarklein darüber berichtet hätte, wüßten wir überhaupt nichts davon, denn – wie gesagt – die vornehmen Kamele sind sehr verschwiegen.

*Rainer Schepper*

## EINE WINTERGESCHICHTE

Es war einmal ein Mann. Er besaß ein Haus, einen Ochsen, eine Kuh, einen Esel und eine Schafherde.

Der Junge, der die Schafe hütete, besaß einen kleinen Hund, einen Umhang aus Wolle, einen Hirtenstab und eine Hirten-lampe. Auf der Erde lag Schnee. Es war kalt, und der Junge fror. Auch der Umhang aus Wolle schützte ihn nicht. „Kann ich mich in deinem Haus wärmen?" bat der Junge den Mann.

„Ich kann die Wärme nicht teilen. Das Holz ist teuer", sagte der Mann und ließ den Jungen in der Kälte stehen.

Da sah der Junge einen großen Stern am Himmel. „Was ist das für ein Stern?" dachte er. Er nahm seinen Hirtenstab, seine Hirtenlampe und machte sich auf den Weg.

„Ohne den Jungen bleibe ich nicht hier", sagte der kleine Hund und folgte seinen Spuren.

„Ohne den Hund bleiben wir nicht hier", sagten die Schafe und folgten seinen Spuren.

„Ohne die Schafe bleibe ich nicht hier", sagte der Esel und folgte ihren Spuren.

„Ohne den Esel bleibe ich nicht hier", sagte die Kuh und folgte seinen Spuren.

„Ohne die Kuh bleibe ich nicht hier", sagte der Ochse und folgte ihren Spuren.

„Es ist auf einmal so still", dachte der Mann, der hinter seinem Ofen saß. Er rief nach dem Jungen, aber er bekam keine Antwort. Er ging in den Stall, aber der Stall war leer. Er schaute in den Hof hinaus, aber die Schafe waren nicht mehr da.

„Der Junge ist geflohen und hat alle meine Tiere gestohlen", schrie der Mann, als er im Schnee die vielen Spuren entdeckte.

Doch kaum hatte der Mann die Verfolgung aufgenommen, fing es an zu schneien. Es schneite dicke Flocken. Sie deckten die Spuren zu. Dann erhob sich der Sturm, kroch dem Mann unter die Kleider und biß ihn in die Haut. Bald wußte er nicht mehr, wohin er sich wenden sollte.

Der Mann versank immer tiefer im Schnee. „Ich kann nicht mehr!" stöhnte er und rief um Hilfe.

Da legte sich der Sturm. Es hörte auf zu schneien, und der Mann sah einen großen Stern am Himmel. „Was ist das für ein Stern?" dachte er.

Der Stern stand über einem Stall, mitten auf dem Feld. Durch ein kleines Fenster drang das Licht einer Hirtenlampe.

Der Mann ging darauf zu. Als er die Tür öffnete, fand er alle, die er gesucht hatte, die Schafe, den Esel, die Kuh, den Ochsen, den kleinen Hund und den Jungen.

Sie waren um eine Krippe versammelt. In der Krippe lag ein Kind. Es lächelte ihm entgegen, als ob es ihn erwartet hätte.

„Ich bin gerettet", sagte der Mann und kniete neben dem Jungen vor der Krippe nieder.

Am andern Morgen kehrten der Mann, der Junge, die Schafe, der Esel, die Kuh, der Ochse und auch der kleine Hund wieder nach Hause zurück.

Auf der Erde lag Schnee. Es war kalt. „Komm ins Haus", sagte der Mann zu dem Jungen, „ich habe Holz genug. Wir wollen die Wärme teilen."

*Max Bolliger*

## DIE GESCHICHTE VOM KLEINEN NIYU UND VOM WEISSEN PFERD

Vor beinahe zweitausend Jahren lebte im Morgenlande ein kleiner Junge, der hieß Niyu. Er mußte im Pferdestall arbeiten und machte seine Sache so gut, daß ihm sein Herr, der weise Balthasar, seinen Lieblingshengst zur Pflege anvertraute. Es war ein schönes, schneeweißes Pferd, feurig und wild, aber wenn der kleine Niyu in seiner Nähe war, dann wurde es sanft wie ein Lämmchen.

Es stampfte nicht, es schlug nicht aus, es ließ sich von dem kleinen Niyu striegeln und streicheln, und wenn der kleine Niyu etwas sagte, dann neigte es seinen schönen Kopf, als ob es ihm ganz genau zuhören wollte.

80

Als der weise Balthasar sich mit dem weisen Caspar und dem weisen Melchior aufmachte, um dem Stern zu folgen, der ihnen die Geburt des Jesuskindes angezeigt hatte, da bestimmte Balthasar, daß der kleine Niyu mitkommen sollte; denn niemand anderem wollte er die Pflege seines weißen Pferdes überlassen. Der kleine Niyu war sehr erstaunt, daß sich so eine große Karawane auf den Weg machte, nur weil irgendwo ein neuer Stern aufgegangen war. Und er staunte noch mehr, als er hörte, daß dieser Stern die Geburt eines Königs anzeigte. Was mußte das für ein mächtiger König sein, der die Gewalt hatte, den Sternen zu befehlen? Der kleine Niyu fürchtete sich vor ihm, und er wäre lieber zu Hause geblieben. Aber er mußte ja gehorchen, und außerdem hätte er sich nicht von dem schönen weißen Pferd trennen mögen.

Die Karawane zog viele Wochen durch die Wüste, und der Stern wanderte vor ihr her. Als sie endlich in einer großen Stadt

ankam und die Weisen im Palast nach dem neugeborenen König
fragten, da wurde ihnen gesagt, man wisse nichts von einem
solchen Kind.

Da zog die Karawane weiter, aus der Stadt hinaus, vorbei an
armen Hütten, über ödes Feld, immer dem Glanz des großen
Sternes nach.

Der kleine Niyu wunderte sich jeden Tag mehr. So viel
Umstände um ein kleines Kind – und wenn es auch ein Fürsten-
kind war! Er konnte es nicht verstehen. Während er das weiße
Pferd striegelte und fütterte, malte er sich aus, in welch präch-
tigem Schloß der fremde König wohnen würde. Sicher schlief
er in einem goldenen Saal auf purpurnen Decken, und hundert

kleine Diener, wie er einer war, fächelten ihm mit Palmblättern
Kühlung zu. „Wir werden ja sehen", sagte er zu dem weißen
Pferd, „was für ein König das ist." Und das Pferd nickte würde-
voll mit dem Kopf.

Und dann war die Karawane endlich am Ziel angekommen.
Da war zwar kein Schloß, sondern nur ein armer Stall, aber weil
der Stern über seinem Dach stand, zögerten die Weisen keinen
Augenblick, hier haltzumachen. Sie stiegen von ihren prächtig

aufgezäumten Kamelen, ließen sich von den Dienern in kostbaren Gefäßen Gold, Weihrauch und Myrrhen reichen und traten durch die niedrige Tür des Stalles, um dem Kind ihre Verehrung zu bezeigen. Dann ließen sie in der Nähe des Stalls ihre Zelte aufschlagen.

Als der kleine Niyu das weiße Pferd ein wenig am Zügel herumführte, um ihm Bewegung zu verschaffen, da hörte er einen Kameltreiber sagen: „Ihr könnt es mir glauben: Es ist ein armseliger Stall, und es stehen nur Ochs und Esel darin. Die Frau trägt weder Krone noch Kette, und der Mann hat einen rauhen, verblichenen Mantel an. Das Kind schläft in einer Krippe. Es ist ein schönes Kind. Aber so wohnt doch kein König!"

Diese Worte ließen dem kleinen Niyu keine Ruhe. Um Mitternacht, als alles in den Zelten schlief und die Wachen beim Würfelspiel saßen, band er das weiße Pferd los und schlich mit ihm zu dem Stall hinüber. „Sicher haben sie noch nie ein so prächtiges Pferd gesehen, wie du eines bist", sagte der kleine Niyu, „wo sie doch nur einen Esel in ihrem Stall haben."

Die Tür war nur angelehnt, der kleine Niyu drückte sie leise auf. Sie war so niedrig, daß das weiße Pferd draußen stehen bleiben mußte. Drinnen war es dämmerig. Der große Stern funkelte über dem Dach und schickte seine Strahlen durch die breiten Spalten und Risse. Das Kind schlief in der Krippe. Der Mann und die Frau saßen daneben und blickten zu dem kleinen Niyu hin.

Der kleine Niyu wußte nicht recht, was er sagen sollte. Er senkte den Kopf, und dann schaute er sich nach dem weißen

Pferd um. Und da war etwas Seltsames geschehen: Das weiße Pferd hatte sich auf die Knie niedergelassen.

Der kleine Niyu erschrak, er dachte, dem Pferd sei etwas geschehen. Aber da sagte die Frau freundlich: „Fürchte dich nicht, kleiner Fremder. Mein Sohn liebt Himmel und Erde, er liebt auch dich und dein Pferd! Willst du ihn nicht grüßen?"

Da kniete der kleine Niyu vor der Krippe nieder, berührte den Boden mit der Stirn und sagte: „Gepriesen seist du, König!"

Als die Karawane wieder in ihr Land zurückwanderte, fragte der Kameltreiber den kleinen Niyu: „Nun, hast du dir auch das Kind im Stall angesehen?"

„Ja", sagte der kleine Niyu.

„Und glaubst du, daß es ein König ist?"

„Ja, ich glaube es", sagte der kleine Niyu fest.

„Ach was", sagte der Kameltreiber. „In einem Stall wohnt kein König. Erinnerst du dich noch, wie Prinz Achmed geboren wurde und wir deinen Herrn begleiteten, um die Geschenke zu tragen? Das war eine Pracht! Und Prinz Achmed in seiner kleinen goldenen Sänfte – weißt du es noch?"

„Ja, ich weiß es noch", sagte der kleine Niyu. „Aber das weiße Pferd hat nicht vor ihm gekniet."

*Marina Thudichum*

# ANNES GESCHENKE

Weihnachten war schön gewesen. Aber Weihnachten ist schon lange vorbei. Mindestens vier Tage.

Anne sitzt in ihrem Zimmer und kramt in ihren neuen Spielsachen herum. So viel hat sie geschenkt bekommen. Tolle Sachen. Solche, die sie gut brauchen kann. Und auch andere.

Den Ball zum Beispiel, den braucht sie nicht. Sie hat ja schon vier Bälle. Ein Bilderbuch hat sie gleich doppelt bekommen. Und den Holzpuzzle-Papagei, den hat sie sofort zusammensetzen können. Das ist doch was für Babies! Ja, und auf dem Nachteller lagen ziemlich viele Marzipanschweine. Marzipanschweine mag Anne aber nicht.

Doch sonst lagen wirklich tolle Sachen unterm Christbaum. Eine Skibrille, ein Haufen Indianer, eine Taschenlampe und ... und ... und ... Und am schönsten, denkt Anne, war doch die Bescherung. Beschert werden ist herrlich. Das Warten vor der Tür, dann klingelt's leise, dann geht die Tür auf ... Zuerst sieht man bloß den Lichterbaum – und dann die Geschenke. Viele! Ein herrliches Gefühl.

Anne seufzt. Schade, daß sie schon vorbei ist, die Bescherung. Immer geht sie so schnell vorbei. Das Christkind könnte ruhig öfter kommen. Jetzt zum Beispiel, wo es gerade ein bißchen langweilig ist.

Mißmutig läßt Anne den neuen, überflüssigen Ball hopsen.
Vielleicht könnte sie ja noch mal Weihnachten spielen? Nur so
für sich? Geschenke aufbauen, rausgehen, klingeln, reinkommen,
staunen… Aber sich selbst beschenken, das ist doof!

Anne denkt nach. Man müßte für jemand anders Christkind
spielen. Und Geschenke aufbauen… Aber für wen? Die Mama
hat keine Zeit, das weiß Anne. Der Papa auch nicht. Der ist
sowieso auch gar nicht da.

Da fällt ihr plötzlich etwas ein. Die alte Frau Schrimpel!
Die so schlecht laufen kann und ganz allein unter ihnen wohnt.
Die hat doch mal gesagt, sie freute sich nicht auf Weihnachten.
Sie kriegte sowieso nie Geschenke. Das Christkind käme ja doch
nur zu den Kindern.

Anne springt auf. Das ist die Idee! Sie wird die alte Frau
Schrimpel beschenken. Jetzt gleich. Wird die sich freuen!

Schnell zieht Anne ihr Nachthemd über, weil sie sich das
Christkind immer in einem Nachthemd vorstellt. Sie nimmt
den überflüssigen Ball, den Holzpuzzle-Papagei und das doppelte
Bilderbuch. Die Marzipanschweine sucht sie auch noch aus dem
Naschteller zusammen, und so beladen marschiert sie die Treppe
runter. Unten klingelt sie bei der Frau Schrimpel.

„Ja was!" sagt die, als sie Anne im Nachthemd und voll-
bepackt vor sich sieht.

Anne sagt nichts, sondern geht geradewegs in Frau
Schrimpels Wohnstube. Dort kommandiert sie: „Umdrehen!
Nicht herschauen! Geschenke gibt's!"

Rasch baut sie die Sachen auf dem Tisch auf und ruft:

„Klingelingeling, umdrehen!" Als die verblüffte Frau Schrimpel näher humpelt, sagt Anne: „Ich bin das Christkind, freuen Sie sich?" Sie zeigt auf die Geschenke und macht ein stolzes Gesicht.

Die Frau Schrimpel sagt erst mal gar nichts. Sie tappt zum Tisch. Tupft auf den Ball, hebt den Papagei hoch und dreht ihn unschlüssig in den Händen.

„Sie müssen sich jetzt freuen!" drängelt Anne und hält das Bilderbuch hoch.

„Aber – Weihnachten ist doch schon vorbei", stottert Frau Schrimpel und setzt sich schwerfällig hin.

„Macht doch nichts", sagt Anne und schüttet ihr alle Marzipanschweine in den Schoß.

„Macht doch was", sagt Frau Schrimpel und schüttelt den Kopf. „Feste soll man feiern, da wo sie hingehören!"

Anne schaut verwundert. Die Frau Schrimpel freut sich ja gar nicht. Kein bißchen.

Sie greift mit ihren zittrigen Händen nach dem Ball, der sofort zu Boden springt und davonkullert. Sie schaut mit kurzsichtigen Augen auf das Bilderbuch. Sie greift nach einem Marzipanschwein, beißt vorsichtig hinein und legt es wieder beiseite. „Ich dank auch schön", sagt Frau Schrimpel und lächelt Anne freundlich zu. „Geschenke zu bekommen ist immer schön, nicht wahr?"

Da schämt sich Anne plötzlich, und gleich so, daß sie puterrot wird. Sie steht da und wäre am liebsten weg.

„Bleibst du noch ein bißchen?" fragt Frau Schrimpel und schaut Anne an. „Ich freu mich so über Besuch!"

Anne nickt, noch immer rot im Gesicht. Und endlich fällt ihr etwas ein.

„Ist Besuch machen auch ein Geschenk?" fragt sie, und Frau Schrimpel nickt und lacht: „Wie man's nimmt. Deiner schon!"

„Dann schenk ich Ihnen Besuch. Meinen!" ruft sie und ist sehr erleichtert.

„Und ich koche uns einen Kakao, willst du?" fragt Frau Schrimpel und humpelt schon in die Küche.

„Klar!" ruft Anne.

*Gudrun Mebs*

# DER WUNDERSTERN

Hätte einer auch mehr Verstand
als die drei Weisen aus dem Morgenland
und ließe sich dünken, er wäre wohl nie
dem Sternlein nachgereist wie sie;
dennoch, wenn nun das Weihnachtsfest
seine Lichtlein wonniglich scheinen läßt,
fällt auch auf sein verständig Gesicht,
er mag es merken oder nicht,
ein freundlicher Strahl
des Wundersternes von dazumal.

*Wilhelm Busch*

# QUELLENVERZEICHNIS

Wir danken den Autoren und Verlagen für die freundliche Genehmigung zum Abdruck.

HELGA AICHINGER · DER HIRTE, © beim Autor.

UTE ANDRESEN · WICHTEL WICHTELN GANZ GEHEIM, © beim Autor.

LUDWIG ASKENAZY · DER LEBENDIGE WEIHNACHTSBAUM, aus: „Du bist einmalig", © Gertraud Middelhauve Verlag, München.

MAX BOLLIGER · EINE WINTERGESCHICHTE, aus: Max Bolliger „Eine Weihnachtsgeschichte", © Nord-Süd Verlag AG, Gossau Zürich.

ACHIM BRÖGER · LAUTER WÜNSCHE, aus: „Zwei Raben mit Rucksack", © Thienemanns Verlag, Stuttgart – Wien.

JOSEF GUGGENMOS · SCHNEE IM DORF, aus: „Oh, Verzeihung, sagte die Ameise", © 1990 Beltz Verlag, Weinheim und Basel.

JANOSCH · DIE BÄRENWEIHNACHT, © beim Autor.